Fin de cycle

Recueil de poésies

Gérard Tournadre

Illustrations de Gérard Tournadre

© 2015, Gérard Tournadre
Imprimé par Books on Demand GmbH, Norderstedt, Allemagne
ISBN : 9782322013692
Dépôt légal : Janvier 2015

Fin de cycle

PREFACE

D'un livre qui a pour titre *Fin de cycle*, on ne peut guère attendre qu'il annonce des lendemains qui chantent. On ne trouvera pas ici de rhétorique sonore, ni d'hymne à la joie ou à la nature, cette nature qui consolait tant les âmes romantiques. Celle qui est montrée ici est une nature glacée qui apparaît dès les premières lignes, un corbeau au premier plan. Sans doute est-il le frère du corbeau d'Edgar Poe qui ne savait répondre aux interrogations du poète que par un affligeant *nevermore* (jamais plus) !

Dès les premiers vers donc, le ton est donné, et une comparaison s'établit tout naturellement entre la nature hivernale et le poète vieillissant.

Le recueil de Gérard Tournadre réunit soixante-douze poèmes de même structure : seize vers, des alexandrins le plus souvent, à rimes plates, répartis en deux strophes. Pas de titre. Pas de ponctuation non plus, hormis le point qui termine la strophe. La poésie est grise, à l'image du temps, rehaussée parfois - trop rarement ? - par une jolie trouvaille : une image inattendue comme celle du *linceul caché au creux des foins*, une évocation gracieuse (*La savane aux gazelles a perdu ses points d'eau*), la vision cauchemardesque de cet homme *qui court après son ombre sur des tessons brisés,* ou cette autre vision, cosmique cette fois, comme un écho du *Bateau ivre* de

Rimbaud : *Pâle planète malade étoiles crucifiées / Dans la longue dérive vous êtes démâtées,*

Pour illustrer ses vers, Gérard Tournadre fait souvent appel à la mythologie grecque. Mais il cite aussi des personnages qui ont existé dans l'Antiquité : Périclès et Aspasie, Sapho la poétesse de Lesbos, Socrate, Virgile... Le XXe siècle, lui, est illustré, si l'on peut dire, par Staline, Hitler, Franco, ou les Khmers rouges, *dans une orgie de sang.*

Le monde déroule donc un spectacle affligeant devant le poète hanté par l'idée d'une fin de cycle. Cette fin de cycle, c'est évidemment la mort annoncée pour tous les êtres, et qui hante particulièrement les vieillards ou les malades. Le corps est *décati*, le corps est *finissant*, et la conscience du déclin est douloureuse quand le désir perdure...

Chez notre poète, la fin d'un cycle signifie aussi la fin d'un amour, et cette évidence le désespère. La séparation des amants est en effet le thème majeur de cet ouvrage, thème annoncé dès la première page, délaissé, repris, abandonné, repris encore: *son départ m'a surpris* (p.7), *l'amour s'en est allé* (p.17), *il est passé le temps des effusions* (p.25), *l'inévitable départ s'est accompli ce soir* (p.37) *tu n'es plus de mes rêves* (p.52) etc. C'est un leitmotiv douloureux qui parcourt ainsi tout l'ouvrage.

Et le meilleur de Gérard Tournadre, il est sans doute là, loin des considérations historiques ou planétaires, dans une poésie intimiste et familière, qui évoque le tête-à-tête ou le corps-à-corps des amants : *J'aime à te regarder le matin au réveil... Je sens ton sein frémir sous les doigts de la main... Je t'invite au voyage dans ma propre légende...* Ou encore ces jolis vers qui disent l'impatience de l'attente et du désir : *L'étang aux asphodèles se ride sous la brise / Quand vais-je te revoir pour caresser la frise / De tes cheveux auburn qui courent sur ton front...* Un indiscutable accent de sincérité émane de ces vers nés dans le huis-clos de la chambre.

La tonalité de l'ouvrage est plutôt sombre. Heureusement la poésie, et Gérard Tournadre ne l'ignore pas, est un précieux remède contre la désespérance.

Hervé Alvado

Professeur de lettres

Le corbeau s'est posé à l'orée du grand bois
Dans un coassement il annonce le froid
Derrière la vitre humide je ne peux que rêver
Faut-il que je sois faible pour encore l'aimer
Son départ m'a surpris plantant le désarroi
En rangeant notre amour dans la plus dure loi
Pourquoi ne pas le dire en jetant les regrets
L'avenir enchanté n'est plus à rechercher

Et les morts en cortège se rangent sur la plaine
Où lentement en gros flocons s'étend la neige
J'ai rallumé le feu dans la sombre cheminée
Et peux voir les yeux clos les tisons enflammés
Je veux écraser la larme qui coule sur ma peine
Quand je sais qu'aujourd'hui la fin étend son règne
Il n'est plus temps maintenant de se tourmenter
Quand d'un corps moribond part le dernier reflet.

La neige s'accumule au pied des troncs transis
Et le corbeau à l'orée du grand bois s'est enfui
La nature toute entière s'est parée de silence
Malgré un petit vent qui agite ma démence
Le bruissement des feuilles est respiration
S'insinuant malgré moi dans l'absence de raison
Pourquoi faudrait-il vivre dans ce qui est absence
Et garder un espoir quand tout est en partance

Des zébrures au loin sillonnent le noir du ciel
La neige ne tiendra pas si l'orage démentiel
Va cracher par à-coups ses tourbillons de feu
Faisant comprendre à l'homme que ce n'est plus un jeu
Et qu'il convient alors de courber son échine
Quand les dieux oubliés savent punir tous nos crimes
La vie se porte ailleurs mais d'autres survivront
Quand nous serons tous morts quand les cieux pâliront.

Je marche en tâtonnant dans les voies de la vie
Et cherche en frissonnant à calmer mes envies.
Ceux qui chantaient hier aujourd'hui sont muets
Le silence a pris corps et l'espoir est muré
Mon corps s'est engourdi dans un sépulcre d'or
Dans les sillons des champs le vent souffle du nord
Annonçant que les blés ne jailliront jamais plus
D'une terre desséchée ne donnant plus de jus.

Alors pourquoi rester dans la désolation
Fin de cycle annoncée qu'il faudra assumer
En dormant sur la couche d'un sommeil éternel
Quand la triste chaleur s'éteint de la chandelle
Et que la mer au loin rejette les bateaux
Qui espéraient encore apporter des berceaux
Cachant des vies naissantes qui voulaient devenir
Mais qui sont par ces temps démembrés d'avenir.

Je ne suis plus certain qu'en cherchant un chemin
On puisse retrouver un semblant de destin
Faut-il encore lutter et sourire à la mort
Pour dans le désespoir pouvoir croire encore
Je ne saurai jamais dans l'angoisse du temps
M'ouvrir chaque matin croquer à belle dent
Le vénéneux des fleurs qui en portant l'oubli
Recherche dans les cœurs le dernier cri d'envie

Car il est bien certain que Lucifer a pris
Dans un ricanement l'ardeur de notre vie
Infortuné présage de cet accablement
Je sens monter en moi l'ineffable tourment
Qui assaille mon corps jusqu'à l'épuisement
Dont on ne revient pas quand le silence aidant
A recouvert l'esprit d'une bordée d'injures
Qui n'ont plus à l'esprit qu'abandons et parjures.

L'étranger n'a pas pu en longeant le canal
Se souvenir d'hier et sortir du chenal
C'est pourtant bien d'hier qu'avant son long voyage
Il a rêvé confus d'un espoir sans partage
Il marchait dans les rues d'une nouvelle vie
En mêlant trop souvent les pleurs et les ris
Étranger d'un passé compromis il chantait
L'espoir à l'unisson de ce monde enchanté

Pourquoi ne pas y croire quand d'autres solitaires
Avaient pris avant lui dans leurs mains d'autres terres
Rien n'aurait su alors repousser son ardeur
Il le savait enfin sa pendule est à l'heure
Il lui fallait partir et ne plus hésiter
Il avait attendu les dés étaient jetés
Maintenant qu'il est là la vérité l'assaille
Et c'est désenchanté qu'il perd cette bataille.

Quand le ciel s'assombrit et que le vent se lève
Les amants désunis ont oublié leur rêve
De longs gémissements sourdent de leurs envies
Et des vitres givrées les larmes sont de pluie
Le froid humide est là et plus rien ne murmure
Dans le jardin transi le lierre quitte les murs
Les deux êtres alanguis ne peuvent plus bouger
Leur esprit s'est perdu dans une vacuité

Quand viendra-t-il le temps où le soleil caché
Viendra illuminer la torpeur enkystée
Dans un amas de peurs qui parcourt le monde
Qui ne peut plus sourire et ne veut plus répondre
C'est bien la fin d'un cycle que l'on croyait plus long
Et qui nous laisse exsangue et nous fait moribond
La foi qui n'a plus court nous a abandonnée
Et l'on attend la fin avec tous ses regrets.

Quand les malédictions dans les portions d'espace
Par un trouble profond font que le temps grimace
C'est source de souffrance pour le travail humain
Ce n'est plus comme avant un vide sidéral
Transforme notre monde de façon radicale
Au milieu de nos champs c'est la fin qui approche
Là où l'herbe poussait s'ancrent de tristes roches

Et les mains anonymes qui ont forgé les lieux
Se crispent tétanisées en désignant les cieux
Une effroyable peine s'empare de nos cœurs
Nous qui ne savons plus faire pousser les fleurs
Par un rêve archaïque il n'est plus de raison
Que l'espoir renaisse dans une libation
Quand Dionysos appelle les bacchantes éternelles
Qui sont pourtant parties dans une ritournelle.

Un souvenir lointain dans un air enfantin
Chantonne dans ma tête il est drôle et mutin
Une voix essoufflée tambourine mes tempes
À portée du regard se dressent encore des temples
Mais pour combien de temps cette joie de nos dieux
Dans un malentendu va descendre des cieux
Entrouvrons cette porte par où entre l'espoir
Et éloignons des cœurs la grisaille et le noir

Pourtant en esclavage la plupart des humains
Portent le lourd fardeau d'un sombre lendemain
Le trépas annoncé n'est plus un sortilège
Qui passe par hasard comme une parenthèse
Il est bien programmé et n'oubliera personne
Quand nous tous assemblés lorsque la cloche sonne
La mort couvre le monde et étend ses appas
Pour nous mener au loin d'où on ne revient pas.

Dans la profonde nuit l'amour s'en est allé
Que reste-t-il alors hors les yeux pour pleurer
Pourquoi se replonger dans les heures du passé
Qui n'ont plus rien à dire dans ces ombres portées
L'existence différente attend l'amant blessé
Il est le vagabond cherchant la vérité
Invité au voyage il moisit sur la place
Dérobée au soleil qui brunissait sa face

La vie qui débordait de sa poitrine en feu
S'est plongée dans le froid et a quitté ses yeux
Égaré sur la route qui conduit nulle part
Il lui faudra du temps traîner de bar en bar
Les nuits sont sans lumière les matins inconnus
Dans ce lointain ailleurs il n'a rien reconnu
La bonne décision sortant des certitudes
L'ultime trajectoire d'une morne attitude

Nous avons peur de quoi de mourir c'est certain
À la fin du chemin conduisant au lointain
L'unique apparition de couleur improbable
De bleuâtre à pourprée qui serpente le sable
Dans ce désert sans fin au besoin d'horizon
Qui marque la rupture du goût de l'abandon
Voyage au fond de soi espoir de guérison
Il faut marquer son but entrer en pamoison

Et puis l'atterrissage qui fait frôler la mort
Que l'on attend toujours car c'est bien notre sort
Voyageant immobile en allant quelque part
Car il faut bien partir c'est pour ça que je pars
Me saoulant dans des verres pour ne pas disparaître
Restant dans l'entre deux qui secoue tout mon être
Et dans un dernier rêve où tout devient possible
J'écrirai à ma belle l'inutile missive.

Dans cette fin de cycle vivement le grand jour
Où posant son fardeau on s'en va pour toujours
Il ne faut plus penser aux lendemains qui chantent
Et où le bois touffu nous perd et nous enchante
À l'ombre d'un grand pin isolé du soleil
Je peux enfin rêver dans un profond sommeil
Ne gardant à l'esprit que la grande faucheuse
Qui fait d'hommes et bêtes le grand chœur des pleureuses

L'ancienne divinité qui veillait sur nos âmes
À son tour a sombré dans un retour de flammes
Qui venait de l'enfer où dansent les proscrits
Dans un joyeux sabbat fait de chants et de cris
C'est en toute confiance que s'épuise le corps
Dans un dernier sursaut qui annonce la mort
Et je vais souriant tout en serrant les poings
Vers ce linceul suave caché au creux des foins.

C'est un dernier tango qui embrase nos corps
Le rythme est lancinant et l'on se serre fort
Nous avons bien compris que le monde a tourné
Qu'il faudra déserter l'abîme du progrès
Il est miraculeux dans ce chambardement
Où des hordes de huns portent l'accablement
Qu'un point de non-retour soit encore repoussé
Et que deux êtres aimants puissent encore danser

Ouvrons donc les ghettos déchirons l'exclusion
Il nous faut tout changer tourner la partition
Le dimanche à la messe oublier la confesse
Fantasme expiatoire l'horreur se dessèche
Et l'on se sent bien mieux dans cet imaginaire
Qui fait que tous les hommes ne voudraient plus se taire
Pâle planète malade étoiles crucifiées
Dans la longue dérive vous êtes démâtées.

L'homme est désenchanté l'avenir se délite
Dans le matin glacial où la violence milite
Les vampires s'agitent dans le secret gardé
Dans un tonneau sans fond les espoirs sont jetés
La colonne du vent et la vague endiguée
Ne peuvent plus bouger le navire s'est échoué
Au loin faisant des signes se dégageant des flots
Les marins d'infortune ont dû courber le dos

L'homme a perdu le goût d'affronter son destin
Le cœur en servitude il remet à demain
Aux marges du pays l'envie de liberté
Un sépulcral silence d'une bouche avinée
Fait entendre le son d'une histoire sans parole
Montant du fond des ans sans aucun protocole
En mêlant sans fierté le chrétien et l'athée
Secouant les remparts oubliant tout respect.

Malgré tous tes défauts et le prix de mes larmes
Il faut bien reconnaître que j'ai rendu les armes
Mon visage livide domine mon épave
Et les baisers d'hier font de sinistres laves
L'odeur de tes aisselles doux parfum entêtant
Gonfle mon souvenir coup de lance en mon flanc
Tout rime avec la mort le courage n'est plus
Et dans un dernier crime de sang je suis repu

Tout s'est fait simplement dans la désillusion
Le couteau s'est planté dans l'abomination
Et la vie s'est enfuie et je porte ma croix
Fallait-il épargner ce qui file des doigts
Je suis seul à présent et ne veut plus songer
À ce qui fut jadis matins ensoleillés
Je vais me préparer pour la fête du soir
Entrant en repentance au cœur de l'abattoir.

En cessant de combattre mon cœur s'est mis en grève
Dans un dernier soupir pour un marche ou bien crève
Le choix était facile et tout va s'arrêter
Car je dois l'avouer je ne peux plus rêver
Mon triste Panthéon fait lever tous les marbres
De tous ceux qui reposent d'un silence macabre
Dans les tombeaux sculptés ils vont se réveiller
Et en me regardant font luire l'éternité

Je ne veux plus savoir d'où la lumière vient
Quand tous les morts-vivants parcourent le chemin
Qui conduisent aux portes de la sérénité
Pour celui qui veut vivre dans la sécurité
Quant au petit matin soulevant le blanc voile
Le corps repu se dresse en crissant sur la toile
Où s'épand notre amour qui déchira la nuit
Une dernière fois dans un demain qui fuit.

C'est dans la nuit des temps que l'amour a trouvé
Comment départager le bon grain de l'ivraie
Tout aurait pu marcher si une folle envie
N'avait rompu les digues de ce vert paradis
Il fallait s'en douter quand les rivalités
Se lèvent au matin le sort en est jeté
Et les dissensions séparent les amants
Qui pour rester vainqueurs hurlent au firmament

Cette fureur impie anime leur rapport
Et la séparation arrive à bon port
Il est passé le temps des tendres effusions
Et la rancœur grandit dans la palpitation
De ce qui maintenant dirige le transport
De deux corps embrasés qui attendent la mort
De ce qui fut jadis dans l'Eden merveilleux
Qui pouvait enchanter les anciens jours heureux.

On se croyait bien sage dans notre caniveau
Les gens en majuscule nous ont traités d'idiots
Nos plaisirs minuscules sans pays ni patrie
Parole d'évangile animaient la partie
Et nous étions heureux dans ce confort funeste
Qu'aujourd'hui en regrette assaillis de complexes
Nos voisins de palier ont dit tout est foutu
Et nous comme des sots aveuglés on l'a cru

Pendant nos promenades dans le souffle du vent
Nous avons oublié que nous sommes vivants
Et que la main du diable n'est pas celle d'un ami
Et qu'il faut ignorer quand tombera la pluie
Riche de notre vie la plus gracieuse fille
Doit réveiller l'instinct qu'on voit sous la ramille
Quand un sourire en coin nous dresse en majesté
Et que passionnément on devient étranger.

J'aime à te regarder le matin au réveil
Quand ton sein dénudé à la pointe vermeil
S'agite doucement en étant apaisé
Après la nuit torride qui nous laisse épuisés
La vie reprend ses droits et dans le jour levé
La tendre parenthèse ne nous fait plus rêver
L'avenir annoncé n'a pas de certitudes
Dans les jours avancés la triste servitude

S'engonce dans nos reins et ronge notre en-dedans
Nous savons qu'il faudra serrer encore les dents
Et oublier l'espoir qui ravissait nos vies
Le soleil s'est caché voici venir la pluie
Sur le glacis des ans qui conduit à la mort
Quand les branches des arbres n'ont plus aucun essor
Et ont toutes perdues leurs vertes et tendres feuilles
Et que dans la nature règne à présent le deuil.

L'angoisse est perpétuelle je n'ai plus de chansons
Et mon corps décati s'endort en déraison
Les oiseaux se sont tus et dans un grand fossé
J'entends crisser la neige sur le sol dénudé
Comme dans une tombe je frissonne de peur
Et dans mon blanc suaire je sais que je me meurs
Le froid glace mon corps et quand bruissent des pas
J'attends l'ultime choc qui conduit au trépas

La mort avec sa faux est l'image attendue
Que l'on a dans ses rêves mille fois entrevue
Est-ce bien cette fois qu'il faut se résigner
Pour l'ultime soupir à quitter les idées
À ne plus se mentir sans goût d'éternité
A ne plus espérer entrant en vacuité
Et pourfendant les jours s'endormir lentement
Oubliant le passé dans un gémissement.

J'entonne un air vibrant qui court sous la charmille
Qui ne veut plus rien dire quand le vent l'éparpille
J'y racontais pourtant ma vie au temps passé
En faisant table rase des moments enchantés
Dans leur diversité tout satinés de sucre
Qui pourtant sentaient bon empanachés de lucre
J'en perdais la raison et dans mon millefeuille
Je goûtais à foison évitant les écueils

Aujourd'hui c'est fini trop d'années ont passées
Avec grande tristesse je me suis égaré
Les sources invisibles ont un peu moins de temps
Pour couler vers la mer perdant leurs affluents
Les rivières asséchées ne trouvent plus la voie
Qui mène à l'horizon en perdant toute foi
Au-delà de la grève les vagues ne courent plus
Perdant leurs gouttes d'eau dans le flux et reflux.

Quand la voix du poète s'est éteinte à jamais
Ne cherchez plus l'amour perdu dans le secret
Des jours ne levant plus la triste obscurité
D'une nuit alanguie où nous sommes frustrés
Qu'elle est la destinée quand on n'a plus d'orgueil
Dans le piteux état dont nous foulons le seuil
Les derniers des aèdes devenus étrangers
Ne peuvent plus chanter qui va nous réveiller

Le spectacle du monde va se faire sans nous
Et de la Grèce antique tout est devenu flou
Nous ne discernons plus la pensée des anciens
Descendue de l'Olympe pour guider nos destins
Quel dieu mythologique voudrait encore pour nous
Descendre sur la terre où nous sommes à genoux
Et redonner la flamme qui fait reprendre feu
Et qui pourrait enfin créer les bienheureux.

J'affirme haut et fort qu'éternel est l'amour
Et qu'il faut l'adorer quand viennent les beaux jours
Une femme en passant a quitté sa fragrance
Mes narines palpitent cherchant la délivrance
Et mon esprit s'empare des rêves les plus doux
Déjà mes mains caressent et je suis à genoux
Devant cette promesse qui vient alimenter
Les désirs les plus fous que je veux espérer

Dans le ciel étoilé la lune s'est assombrie
Quand les anges déchus ont perdu toute envie
Ils ont ces scélérats désamorcés soudain
Toutes les espérances conduisant au divin
L'ombre humaine au loin n'a plus de certitude
Et s'éloigne dansante de toute servitude
Demain dans le ciel noir le soleil s'éteindra
Tourné vers le futur je ne renoncerai pas.

Le loup dans la clairière de ses deux yeux
luisants
A regardé sa proie avec un air gourmand
La vie n'est plus qu'instinct et pour le renégat
Qui déjà s'impatiente lentement de deux pas
S'apprête à se jeter dans un souffle de vie
Par un rictus amer sur l'amour travesti
Faut-il enfin qu'on pleure sur ce qui va mourir
Dans un craquement sec qui renvoie au martyr

On le sait dans les âges de notre condition
Le meilleur à venir portait sa punition
Il fallait déchanter en se désespérant
L'amour était parti en désenchantement
Et nous restions figés accablés et sans joie
Dans un monde perdu déserté par les rois
C'est bien la fin d'un cycle qui bornait l'horizon
Quand la cruelle bête prenait sa décision.

Il fait froid ce matin l'hiver est arrivé
Dans nos corps tout transis l'amour s'est enfermé
Attendant le soleil qui peut parfois briller
Quand les gouttes de pluie parviennent à sécher
Nous nous tenons serrés dans les bras l'un de l'autre
Pour ne pas oublier que cet amour est nôtre
La lumière et le feu en sont la vibration
Dans cette triste vie qu'ensemble nous vivons

Dans les branches des arbres le vent au loin s'engouffre
Et un cri monotone se lève et nous étouffe
Dans la palpitation de la nuit qui s'avance
Répandant sur les murs des ombres qui bougent et dansent
Une angoisse interpelle des pensées de trépas
Envahissant les cœurs d'un incertain combat
Il ne faut pas céder à l'angoissant sabbat
Qui tangue et se conforte et qui nous laisse las.

L'étang aux asphodèles se ride sous la brise
Quand vais-je te revoir pour caresser la frise
De tes cheveux auburn qui court sur ton front
En enserrant ton corps source de déraison
Je frissonne dans le vent en regardant au loin
Si tes pas te conduisent vers ce lieu sans témoin
Où la folie vacille dans mes bras engourdis
Qui attendent l'approche de cet instant béni

Nos bouches s'uniront pour un baiser sans fin
Marquant la fin du jour privé de lendemain
Je me sens condamné par ce présent absent
Façonné par le doute m'inquiétant du moment
Où tout semble sombrer dans le futur lointain
D'un souvenir absent égaré dans un coin
Où l'amour s'est blotti oublieux d'avenir
En perdant tous les sons qui sortaient de ma lyre.

Le soleil est en feu sur le sable brûlant
Tels des aiguillons ses rayons étouffants
Asservissent les corps qui sont tétanisés
En s'épuisant encore à rester éveillés
Le couteau a brillé dans la main qui s'avance
Le silence installé a reconnu l'enfance
De celui qui jadis avec sérénité
Voulait avidement dans le crime installé

Déverser le trop plein de sa haine tenace
En crucifiant l'amour qui serti sa menace
Dans le cœur de l'humain qui croit en sa puissance
Et ne veut plus permettre cédant à la démence
Que le simple regard d'un autre qui séduit
Emporte la gloire accordée à crédit
Dans cette tarentelle qu'écouta son amie
Qui déjà dans le sang abandonne sa vie.

L'inéluctable départ s'est accompli au soir
La chambre est désertée et je n'ai plus d'espoir
L'héroïne humiliée dans un dernier baiser
En laissant Eurydice s'est drapée en Orphée
Les amants profanés ne sont plus immortels
Dans leur douleur immense plus aucune parcelle
De ce qui fut jadis la perle de rosée
Courant d'entre les lèvres de bonheur irradiées

Impossible innocence de l'accomplissement
Échappatoire du temps de l'inceste vivant
À la pulsion d'étreinte qui chasse tout remord
Dans le dedans sans fin où va sombrer le corps
Un tel accouplement dans de profonds abysses
Est hallucinatoire confinant au supplice
Dans une perdition de ré-enchantement
Qui ne pourra surseoir à notre enfermement.

Binant mes souvenirs une dernière fois
J'ai cru que tu m'aimais en retrouvant ma foi
Dans le blanc d'une page où je pioche et picore
En trouvant le sillon où je prie et m'endors
La pendule arrêtée ne pourra plus sonner
Dans le silence ambiant je peux enfin rêver
Je veux séduire ton âme sans plus y réfléchir
Pour que demain ensemble on puisse défaillir

Notre complicité apparence anodine
Loin des cieux magnanimes qui ont quitté les cimes
Pourra interroger tous les points aveuglants
De cette insignifiance de fallacieux amants
Perdus dans la galère ballotée dans les flots
D'une mer insipide où courent des sanglots
Le champ de mes espoirs apporte ses orties
Dans l'imposture suprême d'un amour à crédit.

En cette fin de cycle mort et résurrection
Polarité inique d'un ultime brouillon
Qui gangrène la suite de tristes paraboles
Où les agonisants vont croire en sa parole
Tout cela s'est passé dans un tour de magie
Imprégné de souffrance et de pleurs et de cris
Qui voulait-on convaincre que cloué à sa croix
Son supplice inhumain ferait grandir la foi

Aujourd'hui tout le monde a rejeté l'histoire
De cette mascarade au fin fond d'un tiroir
L'encens n'a plus d'odeur et les génuflexions
Dans la lucidité de toute réflexion
Ont perdu leur attrait dans notre imaginaire
En rangeant la fiction comme un vieux luminaire
Dans les nécessités de la résignation
Où l'on ne peut plus croire à la crucifixion.

Mes regrets sont tenaces j'ai trop courbé la tête
Publiant ton regard conduisant à la fête
Il fallait éclairer par rayons du soleil
Le dialogue de l'ombre émergeant du sommeil
J'étais adolescent et les sens enfiévrés
Ne taillaient pas la route vers ton corps éclairé
Dans la lumière d'un jour d'un regard amoureux
Je n'avais pas compris la beauté de tes yeux

Je suis un homme creux à la voix desséchée
Qui court après son ombre sur les tessons brisés
À la fin du voyage prière interrompue
Au plus profond de l'être je me suis reconnu
Platon dans sa caverne voyait sur les parois
Cimetière de l'ennui ce qui deviendra moi
Rêvant le rêve perdu d'un univers naissant
Où plus rien ne progresse quand fleurissent les ans.

Fixité criminelle l'avenir est constant
Dans la folie totale plus rien n'est important
La savane aux gazelles a perdu ses points d'eau
Et la réalité a oublié les mots
Qui font que l'on progresse à l'ombre des modèles
Fuyant vers l'abandon où notre âme chancelle
Sans passer par le doute oubliant l'intuition
On prospère maintenant sans aucune passion

Les rêves imposés n'ont rien à expliquer
D'une vie incongrue dont on peut se passer
Pourquoi vivre aujourd'hui en désenchantement
Il vaut mieux s'endormir en oubliant les gens
Entrant en solitude dans la désespérance
Qui nous fait avant l'âge ne plus croire à la chance
C'est en fermant les yeux que l'on redevient grand
En laissant défiler l'ultime mouvement.

L'étrave du bateau s'enfonce dans la mer
Comme un soc de charrue qui soulève la terre
Suivi par quelques mouettes au regard étranger
Dans son chemin sans fin où tout semble inventé
Il relie beaucoup d'îles avec son chargement
Mélange de chimères dont je suis le garant
Où les mythes et drames sont aptes à maîtriser
Les chœurs les plus secrets qu'on aime à écouter

Les poèmes d'amour se chantent à l'unisson
Et les flancs du navire en portent cargaison
La chaleur du soleil sur les flots assagis
Pousse en elle l'allégresse d'un devenir fleuri
C'est l'heure assoupissante engourdissant les mots
Dans une volupté s'échappant du cargo
Cet état de rêveur pour êtres infortunés
Reflue au loin les pleurs quand tout va basculer.

Entre piques et regrets je suis mélancolique
Ultime tour de piste aux relents sarcastiques
Je contemple souriant l'équilibre tremblant
De ces grains de poussière soulevés par le vent
Cette vie est terrible il faut bien l'endurer
Affligé de colique par peurs ingurgitées
Devenus larmoyant nous sommes des esclaves
Au terne désespoir réunis en conclave

Pour y redessiner les balanciers bloqués
Des cerveaux inconscients que l'on va massacrer
Non pas tragiquement mais dans l'indifférence
À ces années passées dans les pires souffrances
Quelle triste ambition quand des âmes damnées
Réduites à rien de rien se laissent dégrader
La mort s'approchera et la peur suintera
Quand l'homme désespéré est devenu paria

Le bateau négrier à la plage adossé
Attend sa cargaison d'esclaves enchaînés
Tous ces êtres humains ont perdu leur destin
D'autres hommes pour eux choisiront leur chemin
Ils viennent de nulle part et iront sans choisir
Sur une étrange terre pour vivre et y mourir
La longue traversée dont on ne revient pas
Du lever au couchant conduit dans l'au-delà

Les beaux oiseaux des mers à grands coups de leurs ailes
Accompagnent sans bruit ces esprits qui chancellent
Leurs yeux effarouchés s'agrandissent d'horreur
Ils croyaient révolus ces temps du grand malheur
Où des hommes sans foi parcouraient l'Océan
Pour tirer un profit et gagner de l'argent
Avec l'accord des lois qui les poussaient au crime
De ce trafic honteux qui aujourd'hui fascine.

La tragédie cathare comme un vieux souvenir
Dans la virtuosité a brûlé les désirs
De ces hommes et ces femmes qui devenus parfaits
Appelaient la terreur qui au loin se tramait
Contre ces hérétiques de cette Occitanie
Qui osait défier Rome et tous ses saints nervis
On lança des barbares qui déferlaient du Nord
De ce pays lointain accueillant dans ses ports

Les guerriers les plus fous faisant couler le sang
Et dressaient des bûchers pour un peuple d'enfants
Qui ne cueillera plus les roses du printemps
Les fleurs sont desséchées par la haine d'antan
Le pog de Monségur a perdu ses reliques
Mais aujourd'hui encore un éclair alchimique
Témoigne que le Sud celui des troubadours
N'a pas perdu espoir et peut croire en l'amour.

Dans son grand manteau noir Canidie s'avança
Pieds nus cheveux dénoués avec la Sagana
Leur pâleur l'une et l'autre les rendait effrayantes
Et les cris qu'elles lançaient engrangeaient l'épouvante
Tout en grattant la terre de leurs ongles salis
Elles mirent l'agnelle noir que la mort a raidie
En mille et une pièces dans la fosse lancée
Le sang se répandait et les dieux se tançaient

L'esprit des corps défunts de cette magie noire
Racontait au figuier planté sur l'Esquilin
Les réponses attendues à ce sombre témoin
Cette scène de nuit tel un rituel tragique
Pour les âmes des morts en ultime supplique
Convoquées par Hécate déesse de la magie
Dont tous les coups serviles pour des dieux sans envie
Surveillaient tous les êtres qui n'ont plus rien d'humain
Et qui errent le soir cherchant un lendemain.

Écœuré par la guerre le poète est exsangue
Pour un dernier écrit il plonge dans la fange
Toute creusée de larmes ses joues s'affaissent encore
Et sa paupière lourde semble porter la mort
Une impression affreuse rongée d'absurdité
Porte l'horreur en marche des corps désagrégés
Réalité morbide d'une inhumanité
Qui vogue à la dérive en oubliant d'aimer

C'est sans masque et sans fard dans l'écume du moment
Que cette fin de cycle en forme de testament
Donne un relief unique à l'époque accablante
Où l'homme se débat dans les flammes ardentes
Qui tapissent la terre en carcasse abimée
Ne laissant après elles qu'un lit pour carnassiers
Qui rongeront les os et mâcheront la cendre
Des espoirs envolés des dernières fragrances.

Qu'est devenue la vie un cirque ou un bastringue
Les êtres épinglés tenus à bout de tringles
Derrière la palissade sortent du cauchemar
Tous ces monstres de foire dénudés et sans fard
Trop médiocres et trop lâches ne peuvent plus rêver
Et comme dans un songe ils errent désespérés
Allant jusqu'au vertige d'un spectacle de fous
l'ultime parade qui nous laisse à genoux

Attrait incantatoire de souffrances médiocres
Prétentieuses égoïstes s'entassant sur un socle
D'une quête perpétuelle de l'amour de jeunesse
Qu'il fallait oublier au cœur de la détresse
Dans l'errance des nuits où l'on peut se vanter
D'avoir le premier rôle du jeune fiancé
Qui le jour de ses noces avait cherché la paix
De l'onirique puits du désir retrouvé.

Quand l'espoir revenu ils ouvrirent les yeux
Étonnés et surpris d'accéder à leurs vœux
Les montagnes éclairées par un soleil luisant
Les fleurs étaient écloses et l'arbre frémissant
Portait dans la ramée un piaillement d'oiseaux
Annonçant dans ses cris l'aube du renouveau
C'était la fin de cycle d'une angoisse latente
Où les hommes attentifs pouvaient quitter l'attente

Les rayons de Phœbus enchantaient l'univers
Quittant la sombre nuit où somnolait l'hiver
Et les passions perdues engoncées dans l'oubli
Qui allaient revenir alimenter la vie
Tout semblait réuni pour un nouveau départ
Éclairant les regards auscultant le hasard
Où semblaient confondus la joie et le bonheur
Pour un grand lendemain s'annonçant avant l'heure.

S'il existe un marché où ton corps alangui
Et tes doux yeux rieurs peuvent trouver leur prix
Je saurai douce esclave te conduire à l'encan
Et sans me retourner repartir en chantant
Tu n'es plus de mes rêves permets-moi d'oublier
Que jadis nos désirs se retrouvaient mêlés
En étant parvenus à unir les instants
Qui faisaient notre joie et comblaient les amants

Aujourd'hui je suis seul et tu n'es plus à moi
Un marchand attiré par tes tendres émois
Saura te transporter dans ta nouvelle vie
Et tu obéiras malgré les nombreux cris
Qui te rappelleront que tu es attachée
Et qu'il ne sert à rien de vouloir t'échapper
Nous nous sommes perdus et ton nouveau destin
Fait que tu n'es plus rien femme sans lendemain.

Asphodèles azalées camélias perce-neige
Toutes ces fleurs embaument mais las se désagrègent
Ainsi va la vie nous naissons nous mourons
Et dans cet entre-temps avec peu de chansons
Au gré des vents tournants il faut se préparer
À affronter l'amour qui ne saurait durer
Et qui le plus souvent n'est qu'une déraison
Qu'il nous faut accueillir loin de toute passion.

La pensée est païenne et entre en décadence
Dans ce précieux miroir ouvert sur notre danse
La haine et servitude balancent notre monde
Loin de toute imagette en confusion immonde
En concurrence à Dieu lançant les anathèmes
Une magie brutale inutile système
Au mensonge de l'amour dans la marée montante
D'un doux déferlement l'eau-forte tient de la fiente.

Pourquoi ne pas le dire il faut se définir
Parfois s'abandonner oublier ses désirs
Pourquoi ne pas le dire quand la triviale image
D'une société sans gloire qui a perdu son âge
En vient à répudier le dieu de la nature
Voulant dompter Phœbus jugé trop immature
Mon cœur mis à nu rejette l'infamie
Et la haine instinctive montée du fond des nuits.

Pourquoi ne pas le dire Rémus et Romulus
Par la louve allaités fondèrent sur tumulus
Pourquoi ne pas le dire cette ville éternelle
Avant de s'entretuer détruisant la fratelle
Puissance monstrueuse de ces viscères en double
Qui sèchent au soleil et qui revient en boucle
Deux autres frères divins des jumeaux ennemis
Fratricides d'un jour ont encore tué l'envie.

Dans une orgie de sang l'innocent ordinaire
Au cœur des temps sauvages ne peut être exemplaire
Une fracture humaine sur une tombe immense
A porté en son sein des terreurs en partance
Le rapport à la mort condense les malheurs
De Staline aux Kmers rouges ils ont connu la peur
De Hitler à Franco ils se sont égarés
Et aujourd'hui encore il faudrait s'engager.

Le pouvoir d'éveiller un lointain paradis
Écartant les esclaves bousculant les nantis
Où sont les larmes rondes les larmes intérieures
Qui font qu'avec l'amour on crucifie les pleurs
La flamme du désespoir ne brûle plus demain
Nous pelons des sanguines le sang n'est plus humain
Le ruisseau peut couler laissant les poissons rouges
Entre deux épluchures frétiller quand tout bouge.

Quand l'enfer s'est ouvert je n'ai plus respiré
Et ai perdu ma foi dans l'homme prédestiné
Faut-il toujours attendre qu'un jour un peu meilleur
Se lève à l'horizon pour en chasser les pleurs
Maudit sois-tu Caïn qui tua l'innocence
Et cracha sur cet oeil sans aucune décence
Nous avons à subir depuis la nuit des temps
Ce sacrilège immonde qui frappe tes enfants.

Je tiens ta froide main la réchauffe à mon souffle
En réclamant l'absoute dans l'air puant le soufre
Ne désespérons pas dame nature est forte
Tu peux encore guérir en inhalant sa force
Un halo de lumière semble baigner la chambre
Où le lent désespoir est entré en décembre
La pluie cogne à la vitre et les nuages lourds
S'entassent dans le ciel rendant nos membres gourds.

C'est un vieux saltimbanque grimaçant sous le masque
Qui entend s'approcher la violence sous casques
À marche saccadée aux aiguillons de mort
Dans la tranquillité de celui qui est fort
Une estampe luisante exile la raison
Qui s'est laissée piéger en refusant le front
Où il fallait monter pour un choc permanent
Qui aurait abattu ce funeste tremblement.

Les belles endormies au cœur des pâmoisons
Peuvent laisser leurs seins battant à l'unisson
Bientôt des troupes hardies viendront tout saccager
En déchirant les voiles sur ces corps piétinés
L'amour n'aura plus cours dans la bataille vile
Qui s'étend dans les rues et façonne les villes
Quel délire insensé a étendu ses frasques
Devant le saltimbanque grimaçant sous son masque.

Dans le chaînon manquant je me suis inserré
Je tiens un peu du singe du simple vertébré
Mais je ne suis pas seul et d'autres ruminants
Font aussi l'à peu près des compromis changeants
L'humanité tenace qui fuit l'universel
A su se retrouver dans ces champs fusionnels
Où l'on se croit divin en croquant l'égrégore
Dégoulinant d'envie allant jusqu'à la mort.

Pourquoi t'es-tu lassée de mon corps finissant
Et que tu es partie vers d'autres frémissements
C'est bien la fin du cycle inscrit dans ton regard
Qui me faisait comprendre l'imminence du départ
Aujourd'hui encore las de ces heures enfiévrées
Je pars à la dérive sur des flots apaisés
Mais si la mer est calme et les voiles réduites
En moi tout être humain se perd dans une fuite.

Dans le fracas du vent quand se gonfle le flot
L'esprit du solitaire se perd en lamento
Et le buveur de vin s'accroche à sa bouteille
Une dernière lampée lui rappelle la treille
Les voutes azurées ont perdu leur richesse
Quand le persécuté est confit en détresse
Une muse vénale couronne de lauriers
Cet homme épouvantable qui n'est plus un guerrier.

Sans traits ni caractères ectoplasme de pleurs
Ses vêtements urbains n'ont aucune douceur
Trafiquant éternel à l'ombre de pâles lustres
Son regard attiré par l'image illustre
De cette courtisane dans la salle de jeux
Il étale en baillant son ennui luxurieux
À quoi sert-il encore ce pantin déglingué
Qui plonge son visage dans sa mortalité.

Serait-il décadent quand il boit son whisky
Réfugié dans l'ivresse pour oublier l'ennui
Dans la taverne sombre un grand verre à la main
Pour lui son avenir ne sera plus demain
Choquant et audacieux il transpose la mort
Dans un sombre combat où il a tous les torts
Inconcevable effroi quand tout semble perdu
Contresens flagrants duplicité voulue.

Quel Lucifer latent par éblouissement
A transformé ce bouge en royaume dément
La bête sanguinaire peut s'éveiller en nous
Par la pinte de vin qui a mis à genoux
Les rayons lumineux n'éclairent plus les cieux
Et l'homme croupissant abandonne ses dieux
Seul Dionysos encore peut verser une larme
De ce précieux breuvage qui agit comme un charme.

Pour le sévère Pascal le moi est haïssable
Je veux changer un mot le moi est périssable
Dans un lit torturé par le mal qui me ronge
Le devenir heureux apparait comme un songe
On croyait se sortir de ce sombre bourbier
Ce qui frôle et effleure menace la piété
L'énigme de la vie n'a plus de traduction
Le corps se déconstruit selon la tradition.

J'ai pourtant entendu le rossignol chanter
Et dans la brise fraîche le soleil s'est levé
Des enfants attroupés font résonner leurs cris
Une maman au loin allaite son petit
Pour certains dont je suis c'est une fin de cycle
Pour d'autres êtres humains une autre loi s'applique
Les matins sont chantants l'herbe frémit au vent
Alors que sur ma couche j'expire en frémissant.

Les limbes éternels dans le champ d'utopies
Sont d'essence divine cherchant un paradis
Si un grand architecte construisit l'univers
C'est par allégorie qu'on a chassé l'hiver
Un éternel printemps a fleuri dans nos chants
Inexorablement sont chassés les déments
Payant au poids du sang la mesure de nos pleurs
Pour que notre ferveur s'alimente au bonheur.

L'observateur muet ne peut apostropher
La liberté naissante qui s'accroche aux murets
À côté des orties souffrance expiatoire
Qu'on a vite oublié en croquant la victoire
Comme une pomme acide qui rafraîchit le goût
Écartant à jamais la crainte du dégoût
L'ivresse de ce sang inonde nos artères
Dans cette fin de cycle qui ne fait plus mystère.

Mère l'homme mort dans tes bras était innocent
De ton sexe apaisé monte une odeur d'encens
Et ton sein barbouillé de sperme et de sang
Malgré cette souillure palpite doucement.
Ponce Pilate a dit en se lavant l'assise
Il peut venir un jour leur saint François d'Assises
Déjà pour leur Jésus j'ai jeté l'anathème
Et cette icône morte ne sent plus le blasphème.

Mère tu crois douter et ramener l'espoir
Après ce crime étrange empli de désespoir
Issu d'une fournaise aux horizons de deuils
Où l'homme absenté ne franchi plus le seuil
L'histoire ancienne vit dans des plis de mémoire
Dont on retrouve trace dans un très vieux grimoire
Une bible survit pour raconter sans doute
Les affres de ces meurtres qui jalonnent la route.

Dans ce salon cossu la femme se sent belle
Un parfum lancinant court depuis la margelle
Une odeur de bonheur s'exhale jusqu'au jardin
Les lendemains heureux annihilent tout chagrin
Qui aurait pu prévoir qu'un souffle stupéfiant
Égarerait les vies depuis le noir couchant
Des images nombreuses s'incrustent sous les paupières
Et la séparation a force de bréviaire.
La rupture est brutale et devient vérité
Induisant le frisson qui mord ignorant la pitié
La menace en suspens ne portait pas de fruits
Et pourtant maintenant sortant de son réduit
Elle a phagocyté déserte et silencieuse
La rage de l'amour qui se croyait radieuse
Le démon échappé de l'immaturité
En regardant la scène ne peut que ricaner.

On l'appelait l'Ancêtre son crâne dégarni
Orné de cheveux blancs comme un voile d'organdi
Dominait deux yeux sombres qui jetaient des lueurs
Quand on l'interrogeait au sein de sa demeure
Les jeunes gens passaient se moquant tendrement
De ces récits hachés parlant d'un autrement
Qui heurtait le présent où ils se débattaient
Tout en sachant pourtant que l'Ancêtre disait vrai.

Mais du siècle passé le présent ne sait plus
Qu'il lui faut retenir ce qu'on avait voulu
Au fil de ce lointain construire avec sagesse
Une vie chaleureuse et remplie d'allégresse
Tout n'était pas bâti sur une terre sableuse
Portant fruits et épines et blessures douloureuses
Mais du moins tentait-on d'ériger l'avenir
Alors qu'aujourd'hui sont passés les désirs.

De la lointaine Ithaque Odysseus est roi
L'aventure l'accompagne depuis la fin de Troie
Voguant au gré des vents sur une mer aphone
Qui n'a plus un murmure pour le marin sans trône
L'errance a commencée pour forcer le destin
De la triste équipée qui cherche son chemin
Vaincra-t-il tous les dieux maîtres des heureux jours
Qui devront se lever pour hâter son retour.

Le vieux col d'une amphore restitue aujourd'hui
Pour le passant curieux ces pages de l'oubli
Qui résonnent pourtant encore du bruit des flots
Déferlant sur les plages de tout un monde clos
Les nuages déroulent de longs frémissements
Dans notre humanité tout en balbutiements
Où les corps des amants entrant en repentance
De toute Pénélope recherchent la semence.

Son état d'insoumise de dévotion en deuil
S'attache à la fierté qu'elle porte au coin de l'oeil
Quand son regard altier peut bouleverser le temps
Rien ne résiste alors à ses désirs cinglants
Qui s'ancrent en rébellion en violentant les corps
De ces vies bouillonnantes qui jouent avec la mort
Une folie désuète peut gagner l'indomptée
Qui comprend qu'elle est seule en cherchant à se tuer.

Personne n'est parfait et toute identité
Dans la virginité doit pouvoir s'affirmer
Cette femme parfaite aux beaux seins rebondis
Restant conventionnelle doit avoir des envies
La culpabilité est laissée au placard
Où sont accumulés les amants peu bavards
Rencontrés çà et là pour des amusements
Et des jeux de l'amour pourtant bien dérangeants.

La Pythie l'affirma à Chéréphon d'Athènes
Socrate est le plus sage dans son corps de silène
Admirateur de Spartes sa parole enchantait
Mais tous les démocrates ne pouvaient l'accepter
Déjà Aristophane par Les Nuées hostiles
Portait contre cet homme l'accusation futile
De mettre en évidence par des divinités
Que les maux engendrés venaient de la Cité.

Mélétos Anytos et Lycon réunis
Pouvaient porter le fer contre le bon génie
Pour sa seule défense il provoqua le sort
Se moquant de ces hommes qui maniaient la mort
La ciguë avalée Platon peut apparaître
La philosophie née devient alors le maître
De la pensée des Grecs en pouvant rayonner
Sur l'histoire des hommes qu'on entend dialoguer.

L'hétaïre Aspasie a vaincu le puissant
Périclès est tombé par l'amour triomphant
Stratège irréprochable il a quitté sa femme
Pour la métèque impie qui a ravi sa flamme
Concubine d'amour pute aux yeux de chienne
Déclamait Cratinos devant les athéniennes
La statue vacillait et la peste rôdant
La quatorzième fois a perdu l'influent.

Thucydide n'y peut rien le stratège est coupable
Et la démocratie a perdu dans la fable
Cet homme si brillant qui tutoyait les dieux
Et qui sur l'Acropole a bâti jusqu'aux cieux
Ce Parthénon glorieux venu à travers temps
Cette gloire du passé qui a défié les ans
Et qui par Athéna la déesse aux yeux pers
A sa part d'éternel au cœur de nos rudesses.

Je sens ton sein frémir sous les doigts de ma main
Quand une ardeur violente vient du creux de mes reins
Porté par mon désir je glisse vers ton puits
Qui unit notre envie dans le creux de ton lit
Déjà une rosée brille au bord de ton sexe
Et ma langue goulue avale avec ivresse
Cette ambroisie divine le breuvage des dieux
Car je me crois divin quand s'éclairent les cieux.

C'est un rêve insensé qui froisse encore mes draps
Et je cherche en vain jusqu'où l'ardeur des bras
A pu circonvenir cette déesse obscure
Qui dans la vaste nuit est devenue impure
Lamentable illusion qui assèche mon cœur
Et trouble ma violence éperdue de rancœur
Car la réalité inexorablement
Sait qu'aujourd'hui encore je ne suis plus amant.

Le droit de s'en aller peut-il nous contredire
En captant les images de notre laisser-dire
Dans ces scènes de rue où tout n'est qu'éphémère
La bêtise vulgaire chaque jour s'énumère
Dans le violent bouquet des fleurs de l'infamie
Et dans les bagatelles de lâches flâneries
Le transitoire exulte devant ces soubresauts
Pour les tristes rencontres aux insolites maux.

En recherchant le temps qu'un poète a perdu
On compulse un regret en forme de reflux
L'irréductible amour empli d'ambiguïtés
Où la contradiction d'une tasse de thé
Pour une madeleine dont on pressant le goût
Sait taire tous les soupçons du plus profond dégoût
Que l'on aurait porté du bout des doigts grossiers
Avec mauvaise foi dissonance avérée.

Je t'invite au voyage dans ma propre légende
Construite à coups de rêves qu'avec soin je régente
Dissonances démesures tu verras l'innombrable
Construit sur ma hantise de paraître exécrable
En bâtissant l'honneur de la beauté du mal
Toute haute en couleurs geignant au fond des râles
De ces amours coupables offensant la pudeur
De ces hommes et ces femmes qui n'ont plus jamais peur.

L'outrage à la morale et aux trop bonnes mœurs
Ne doivent pas petite faire irradier tes pleurs
Dans le giron des draps que nous aurons souillés
L'excitation des sens conduit à l'apogée
La touchante blessure n'est plus qu'un souvenir
Si le sang a coulé c'était pour le plaisir
Tu ne seras plus vierge la maison Arréphores
Ne verra plus tes doigts tisser les toges d'or.

Par une rupture d'âme l'accord exceptionnel
La folie fusionnelle a grand ouvert ses ailes
Un regain de jeunesse a saisi les amants
En submergeant les digues ballotées par les vents
Se brisant sur les rocs l'aventure sensuelle
Cette pulsion nouvelle a le doux goût de miel
Ils sont coupés du monde dans un imaginaire
D'où ils sortent hébétés pour happer un peu d'air.

Se mettant à genoux épuisant le scandale
Que leur amour fou qui recherchait le Graal
D'une divinité d'un vieux jardin secret
A livré alentour dans ce monde fermé
Qui ne peut tolérer tous ceux qui se pavanent
Quand de toute prière sont exclues les pavanes
Des infantes défuntes qui ont secoué l'esprit
Action impitoyable pour humains rabougris.

La quête est incessante dans notre temps perdu
Obsession solitaire de celui qui a cru
Que l'on pouvait dormir en oubliant ses rêves
Dans un simple abandon mélancolie de trêve
Lieux métamorphosés souvenirs incertains
Des ombres dépolies qui se lèvent au matin
De secrets en aveux en visions spiralées
L'imposture carcérale recouvre le passé.

Les témoins des vieux jours ne peuvent pas s'inscrire
Dans cette quête obscure que l'on ne peut écrire
Les souvenirs dérivent et glissent à l'infini
Jusqu'où peut-on aller dans cet inabouti
Qui ment et qui rançonne toute réalité
Dans cette divinité emplie de vanité
Qui nous coupe du monde qui oublie notre enfance
Pour ne plus témoigner et oublier la transe.

Dans la fange des villes je trouve le bonheur
Le spectacle des rues me berce durant des heures
Là un trottin minaude ailleurs c'est le mendiant
Sur le trottoir perdu des papillons volants
Imposent la cadence virevoltant çà et là
Dans la transe fluide comme de vieux cancrelats
La jeune prostituée à l'encoignure d'une porte
Aguiche le client transformé en cloporte.

La veuve et l'orphelin à ce tableau vivant
En tendant une main vers le passant fuyant
Transgressent le malheur pour retarder l'ivresse
De cette faune humaine qui lentement se presse
Vers le futur concis de la désespérance
Qui s'ouvre sous ses pas où apparaît l'absence
D'un lendemain serein où je m'enfonce en vain
Espérant en l'oubli qui masque mon destin.

Spectacle lamentable d'une immortelle joie
Dans la laideur morale d'êtres perdant la foi
Mais qui se reconstruisent dans cette hilarité
D'éphémères larcins à notre éternité
Interminable intrigue de passions ironiques
Qui sont les épilogues de recherches iniques
En sortant de la boue les fruits d'un devenir
Qu'en patients alchimistes ils pensent obtenir.

C'est une répulsion qu'engendre la recherche
De ces amours perdus égarés sur les brèches
D'une ironie voulue s'adonnant à tricher
Quand il aurait fallu se donner à jamais
Les corps qui sont repus ne forment pas le tout
Et toute l'attirance s'engonce dans le flou
En cherchant des valeurs que les reins ont perdues
En oubliant les âmes qui n'avaient rien reçu.

Ta tablette de cire que parcourt ton stylet
Depuis Mytilène à Lesbos tout au cœur de l'Egée
Belle Sappho divine tu incarnes l'amour
Qu'Aphrodite a su apporter à ta cour
Ces belles jeunes filles que tu as rassemblées
Écoutaient tes poèmes que tu as composés
Pour que l'on se souvienne de cette dixième muse
Que Platon admirait pour sa beauté diffuse.

De ces strophes saphiques le sourire de miel
Perce encore de nos jours et dénonce le fiel
Que d'odorantes étreintes ont pu faire jalouser
Chez ceux qui de tous temps n'ont jamais supporté
Les guirlandes de roses sur les seins tout en fleurs
Ce spectacle enchanteur devrait guider les cœurs
Faire oublier les guerres de ce monde agité
Des grecs à aujourd'hui l'homme n'a pas changé.

Mon printemps est fané et mon esprit inquiet
Parcouru de vertiges comme un vieux paltoquet
Dont le long monologue chuchoté tristement
Ne peut intéresser que de pauvres perdants
Mon absence est totale et n'y puis rien changer
Tant ma désinvolture aujourd'hui s'est greffée
Dans des lieux mal famés où s'est trouvée ma perte
Quand le beau mois d'avril n'a plus son herbe verte.

Des instants fabuleux peut-on le reconnaître
Ont guidé certains pas au cœur de mille fêtes
Les quelques documents qui attestent ces jours
N'ont été recueillis par aucun troubadour
Je ne sais plus chanter je conchie les bigots
Et je cache ma morgue tout au fond des bistrots
Par diatribes vomies je hante les bordels
Recrachant dans la fange le peu que je sais d'elle.

Alentour dans la plaine le cri des loups s'est tu
J'ai retrouvé le calme au petit jour venu
Les affres de la nuit se sont éparpillées
Et je respire mieux mon corps s'est apaisé
Les tensions perpétuelles bourreau insupportable
D'ici-bas et d'ailleurs ont la loi implacable
Un Centaure monstrueux aux rires sarcastiques
A gagné le chemin de l'antre diabolique.

La chair concupiscente a repris ses attraits
Déchéance guettée des démons trop concrets
Qui sortis de l'enfer d'une nouvelle nuit
Assaillant en plein jour l'innocent qui s'enfuit
La pauvre déchéance empreinte d'humanité
Paganisme imbécile en impudicité
Les cris de l'infortune en lugubre harmonie
Ont la vision tragique de la perte d'esprit.

Des souvenirs tenaces encombrent notre vie
Apportant les regrets et les rêves détruits
Le roman des vieux jours a des accents désuets
La jeunesse n'est plus on a perdu ses jouets
Et l'on se sent exclu revoyant ses complexes
Dans l'acuité des ans menant à la vieillesse
Sans pardon ni jugement il nous reste à apprendre
Par lents tâtonnements et sans corde pour se pendre.

Pour trouver le vrai lieu dans cette quête obscure
Dans cet apprentissage qui fait que la vie dure
Car rien n'est arrêté d'échecs en réussites
Nos histoires en cours ont toujours une suite
Et l'on peut espérer voir un instant briller
Un rayon de soleil qui nous veut éclairer
Mais que la vie est triste à travers ce miroir
Où une pauvre Alice n'a trouvé qu'un mouroir.

Avec ses doigts de rose quand l'aurore alluma
Les couleurs du Levant l'œil de Ronsard brilla
Lui qui a su chanter cette fleur éternelle
Que depuis les hauteurs de l'Olympe immortelle
Zeus le tout puissant dieu voulait parer la terre
En oubliant pourtant son côté éphémère
Donnant sa volupté à cette fleur nuptiale
Qu'on tendait en tremblant avant les épousailles.

C'est le sang d'Adonis dans un lointaine passé
Quand la belle Chloris de Zéphir l'aimée
Qui fit vivre la rose à Aphrodite tendue
Qui donna la beauté à cette fleur ténue
Dont le nectar divin ensorcèle les hommes
Au point d'en oublier ce que l'amour leur donne
Ce que la bouche attend dans le baiser vermeil
D'un retour de printemps dont on attend merveille.

Tout est parti de Delphes où la Pythie régnait
Près de Naples à Cumes la Sibylle attestée
Prophétesse apolline héritage d'Egée
A bien voulue pour Rome apporter des clartés
Les livres sibyllins conseillaient les Césars
Déchiffrant les prodiges venus de nulle part
Et l'Enéide enfin retrace l'épopée
Que Virgile a construite pour la gloire d'une cité.

Quand les hommes interrogent l'avenir du présent
C'est vers une prêtresse qu'ils se tournent hardiment
Pour cacher leur détresse ou leur malignité
Se tournant vers un culte de raison dépouillée
La spiritualité en arme de combat
Peut apparaître aux dieux dans un triste débat
Pauvres sibylles antiques qui au gré des années
Furent de simples icônes d'un monde christianisé.

Comme je ne suis plus rien entré en dissidence
De cette morne vie exempte de toute transe
Je n'ai plus qu'à attendre dans ma longue tristesse
Qu'un dernier souffle d'air d'un soupçon de tendresse
De l'éternelle nuit ouvre à jamais les portes
Et que dans un ruisseau un mince flot m'emporte
Dans le vert paradis que tout humain espère
Dont on ne revient pas retiré de la terre.

Au sein de l'herbe grasse mes pas s'enfonceront
Je sentirai heureux les fleurs qui perceront
Dans le joyeux fouillis du jardin ténébreux
Où de jeunes enfants jadis étaient heureux
Et de leurs cris bavards ensoleillaient mon cœur
Gonflé de certitudes et gavé de bonheur
Doux souvenirs perlés qui sur mon esprit glisse
Quand on sait que demain est une fin de cycle.

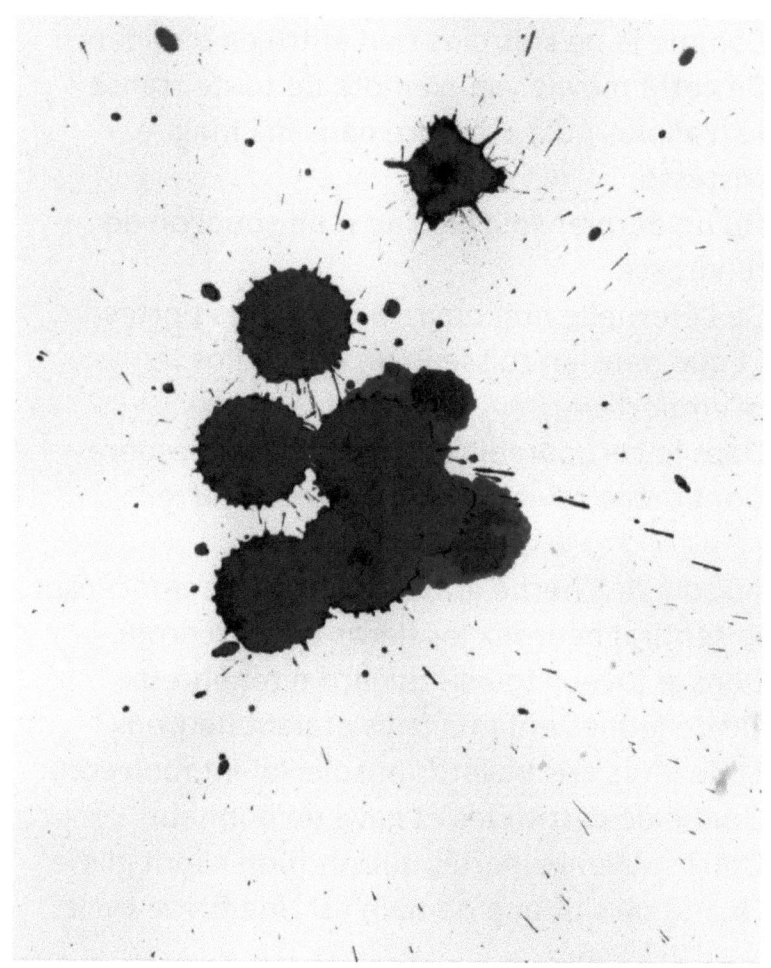

Collection de l'arbre à palabres

Jean-Pierre Batsère : Bête et bestioles
Camille Dehlsol : Mélodydrame
Gérard Tournadre : Fragrance de désespéramour
Jean-Pierre Batsère : Eurydice
François Mourgues : Les quatre saisons d'Hector Pintounelle
Gérard Tournadre : Le littéralecteur
Collectif : Présence actuelle d'Albert Camus
Gérard Tournadre : Fragments sans fin
Daniel Goubier : L'enfant en saint